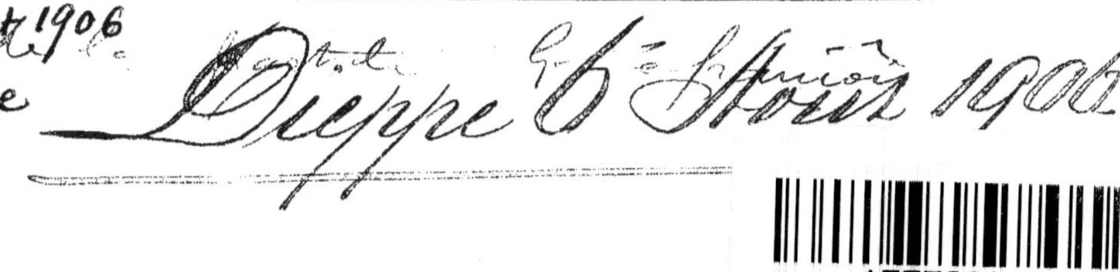

AF358211

Etude de **Me RAIS**, Commissaire-Priseur pour
l'Arrondissement de Dieppe.

Hôtel des Ventes de Dieppe

Rue de la Barre, 53

Succession de Madame Veuve FANET
en son vivant rentière, habitant le Château de Grèges

Important et

RICHE MOBILIER

ANCIEN & MODERNE

Provenant du Château de Grèges, près Dieppe

Meubles des époques L. XIII, L. XIV, L. XV et L. XVI

Salons et Ecrans Louis XVI en Aubusson

Commodes, Chiffonnier, Bureau, Console
Encoignures Louis XVI

NEUF TAPISSERIES

Bruxelles et Aubusson des XVIe, XVIIe et XVIIIe siècles

Peintures *par Feyen-Perrin, Gudin, Français, etc.*

Gravures, Argenterie, Bronzes, Cuivres
Lustres, Soieries, Etoffes anciennes

Beaux Meubles de Style et de Maison

Billard de W. Saint-Martin — Victoria d'Azénia, etc.

dont la vente aura lieu

Par le ministère de **Me RAIS**, Commissaire-Priseur,
en présence de **Me Bigot**, Greffier de Paix.

EN L'HOTEL DES VENTES DE DIEPPE

Les Lundi 6, Mardi 7, Mercredi 8 et Jeudi 9 Août 1906

à 2 heures, et jours suivants s'il y a lieu.

Exposition le Dimanche 5 Août 1906, de 2 à 6 heures

Etude de **Me RAIS**, Commissaire-Priseur pour
l'Arrondissement de Dieppe.

Hôtel des Ventes de Dieppe
Rue de la Barre, 53

Succession de Madame Veuve FANET
en son vivant rentière, habitant le Château de Grèges

Important et
RICHE MOBILIER
ANCIEN & MODERNE
Provenant du Château de Grèges, près Dieppe

Meubles des époques L. XIII, L. XIV, L. XV et L. XVI

Salons et Ecrans Louis XVI en Aubusson

Commodes, Chiffonnier, Bureau, Console
Encoignures Louis XVI

NEUF TAPISSERIES
Bruxelles et Aubusson des XVIe, XVIIe et XVIIIe siècles

Peintures *par Feyen-Perrin, Gudin, Français, etc.*

Gravures, Argenterie, Bronzes, Cuivres
Lustres, Soieries, Etoffes anciennes

Beaux Meubles de Style et de Maison
Billard de W. Saint-Martin — Victoria d'Azénia, etc.

dont la vente aura lieu

Par le ministère de **Me RAIS**, Commissaire-Priseur,
en présence de **Me Bigot**, Greffier de Paix.

EN L'HOTEL DES VENTES DE DIEPPE

Les Lundi 6, Mardi 7, Mercredi 8 et Jeudi 9 Août 1906
à 2 heures, et jours suivants s'il y a lieu.

Exposition le Dimanche 5 Août 1906, de 2 à 6 heures

D.05412

CONDITIONS DE LA VENTE

Elle aura lieu au comptant, et aucun objet ne pourra être enlevé sans son paiement intégral.

Les adjudicataires paieront 10 0/0 en sus du prix d'adjudication.

Les objets seront aux risques et périls des adjudicataires à compter du moment même de l'adjudication.

L'exposition préalable mettant le public à même de se rendre compte de l'état et de la nature des objets, il ne sera admis aucune réclamation, une fois l'adjudication prononcée.

En cas de contestation quelconque sur une enchère, l'objet sera immédiatement remis en vente sur la dernière mise à prix non contestée.

Les indications du catalogue ne sont données qu'à titre de renseignement et il ne pourra être fait, par les acquéreurs, aucune réclamation pour erreur de désignation ou autre, la vente ayant lieu d'ailleurs sans aucune garantie.

Minima des enchères : Jusqu'à 10 francs, 0 fr. 25 — de 10 à 20 fr., 0 fr. 50 — de 20 à 100 fr., 2 fr. — au-dessus de 100 fr., 5 fr.

ORDRE DES VACATIONS

Lundi 6 et Mardi 7. — Meubles anciens, Tapisseries, Peintures, Gravures, Argenterie, Bronzes, Soieries.

Mercredi 8 et Jeudi 9. — Meubles de Style, Bronzes, Billard et Mobilier de Maison.

Lundi 13 Août, à 11 h. 1/2, Marché aux Bestiaux Quai de l'Entrepôt. — Victoria et Charrette de marché.

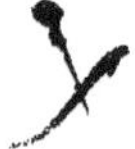

MEUBLES ANCIENS

1. — Petite table Louis XIII en noyer ;
2. — 2 petites encoignures Louis XVI bois de rose
    et marqueterie de fleurs, ornées de cuivres,
    marbre gris ;
3. — 2 chaises espagnoles à haut dossier époque
    Louis XIV garnies de cuir gaufré et ornées
    de clous et de cuivres dorés ;
4. — Guéridon rond d'époque Louis XVI en acajou ;
5. — Petite commode d'époque Louis XV en bois
    de rose et marqueterie, ornée de bronzes
    dorés, à 2 tiroirs et à dessus de marbre
    rouge ;
6. — Commode fin Louis XV bois de rose et
    marqueterie, ornée de bronzes dorés, les
    médaillons ornés du portrait de Louis XV,
    à dessus de marbre rouge ;
7. — Petit bureau Louis XV galbé et cintré, à dos
    d'âne, marqueterie et bois de rose orné de
    bronzes dorés ;
8. — **Beau chiffonnier** en acajou d'époque
    Louis XVI à 2 corps, 8 tiroirs et 2 glaces,
    orné de baguettes, cannelures et galerie en
    cuivre doré, dessus de marbre blanc ;
9. — **Console** Louis XVI en acajou, à 2 tablettes,
    ornée de bronzes dorés et à dessus de
    marbre blanc entouré d'une galerie de
    cuivre doré ;
10. — Buffet Renaissance à 2 corps et à 4 panneaux
    pointes de diamant, avec fronton cintré,
    orné de sculptures ;

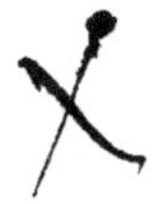

11. — 2 fauteuils et 4 chaises en noyer ciré, époque Régence, garnis de cuir de Cordoue ;

12. — **Jolie Commode** époque de Louis XVI, marqueterie de fleurs et bois de rose, ornée de cuivres ciselés et dorés, médaillons portraits de Louis XV et Marie-Antoinette, à dessus de marbre gris ;

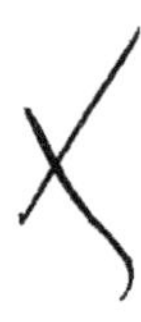

13. — **Magnifique ameublement de salon**, époque de Louis XVI en bois doré recouvert d'ancienne tapisserie d'Aubusson et comprenant 1 canapé et 8 fauteuils ;

14. — Grande armoire Louis XVI à corniche cintrée à 2 portes pleines en marqueterie de bois de rose et palissandre ;

15. — **Très bel Ecran** bois sculpté, noir et or, sujet en tapisserie d'Aubusson « Le Verrou » d'après Fragonard, époque de Louis XVI (excellent état de conservation) ;

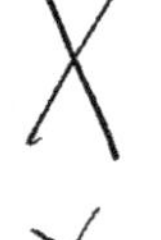

16. — **Ecran** en bois doré orné d'une tapisserie d'Aubusson, époque de Louis XVI ;

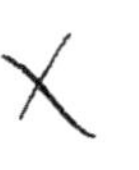

17. — Horloge Normande Louis XVI, boîte et tête en chêne sculpté.

TAPISSERIES (XVIᵉ XVIIᵉ et XVIIIᵉ siècles)

Chasses et Combats d'Animaux

18. — **4 Tapisseries** de Bruxelles XVIᵉ siècle « Chasses et Combats d'Animaux » ; Dimensions de chacune d'elles (haut. 2ᵐ17, larg. 1ᵐ72).

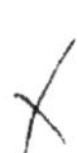

19. — **Tapisserie** de Bruxelles même époque « Chasse », haut. 2ᵐ60, larg. 2ᵐ10 ;

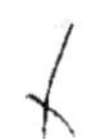

20. — **Tapisserie d'Aubusson** avec sa bordure (XVIIIᵉ siècle) « Chasse aux Sangliers », haut. 2ᵐ40, larg. 2ᵐ30 ;

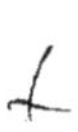

21. — **Grande Tapisserie** des Flandres XVIIe siècle « Verdure et Volatiles » à grande bordure de fleurs, haut. 3 ^m, larg. 4 ^m 50 ;

22. — **Tapisserie en Aubusson** « l'Enlèvement d'Europe », à bordure de feuillages et de fleurs et carquois XVIIe siècle, haut. 2 ^m 40, larg. 2 ^m 90 ;

23. — **Grande Tapisserie** en Aubusson, « Verdure et Volatiles » bordure complète, haut. 2 ^m 70, larg. 4 ^m 60 ;

PEINTURES

24. —	FEYEN-PERRIN. ...	*Femme sur la Grève ;*
25. —	do	*Femme debout près la Mer*
26. —	do	*La Vanneuse ;*
27. —	do	*La Grève,* 2^m × 1^m20 ;
28. —	do	*Les Amants ;*
29. —	TOULMOUCHE	Portrait de Jeune Femme
30. —	ECOLE FLAMANDE ..	2 petits portraits d'Homme sur bois, cadre bois ajouré sculpté ;
31. —	ROSIER	*Vue de Venise ;*
32. —	E. YUNDT	*Après la Messe ;*
33. —	FRANÇAIS	Esquisse de Paysage ;
34. —	ACHARD	*Coup de vent ;*
35. —	GUDIN	Marine ;
36. —	do	Marine ;
37. —	do	Marine ;
38. —	NAZON..........	*Le Port de Cancale ;*
39. —	ECOLE FLAMANDE ..	*Cavalier,* cadre bois sculpté et doré ;
40. —	V. DE BORNFCHEGEL	*La Nourrice ;*
41. —	Peintures diverses sur toile et sur panneau.	

GRAVURES & LITHOGRAPHIES

42. — **4 Gravures Louis XVI**, en couleurs, de Bonnet, d'après Baudouin et Huet, *Le Goûter, Le Déjeuner, Le Diner, Le Souper*, cadre doré;

43. — Gravure anglaise, en couleurs, époque Empire

44. — Deux grandes gravures noires de Girardet, d'après Baron : *Joueurs de Boules* et *Rendez-vous de Chasse* ;

45. — 1 gravure noire l'*Angélus*, d'après Millet ;

46. — Gravure d'après Fragonard, *Henri IV, Sully et Gabrielle* ;

47. — 2 gravures noires, de Leconte, d'après Horace Vernet, *Le Chien du Régiment* ;

48. — 1 gravure noire, de Morel, d'après David, *Les Trois Horaces* ;

49. — 1 gravure noire, *Capitulation d'Ulm* ;

50. — Petit pastel ovale époque Louis XVI, Portrait de Jeune Fille ;

51. — Gravures et lithographies diverses.

ARGENTERIE

52. — 1 paire de mouchettes avec plateau Louis XVI, en argent (285 gr.) ;

53. — 12 petites cuillers à café et une pince à sucre en vermeil, style Louis XVI (290 gr.) ;

54. — Petite coupe argent doré ciselé (65 gr.) ;

55. — 12 cuillers à café argent doré ciselé (175 gr.);

56. — 1 verseuse en argent (840 gr.), y compris le manche en bois noir ;

57. — **Petite cafetière** d'époque Louis XVI, en argent ciselé, (390 gr.), y compris l'anse en ébène ;

58. — **6 Salières,** d'époque Louis XVI, en argent
ciselé (415 gr.) ;

59. — 12 couteaux à dessert, lame vermeil, manche
nacre et argent doré ;

60. — 12 petites cuillers en vermeil style Louis XV
et une pince à sucre (125 gr.) ;

61. — 12 tasses à café et soucoupes en argent doré
(2.360 gr.) ;

62. — Tasse à déjeuner et plateau en argent (385 gr.);

63. — Manche à gigot ivoire et argent, et pince à
sucre en argent (70 gr.) ;

64. — Service à hors d'œuvre en argent, 4 pièces.

CUIVRES, BRONZES, FERS FORGÉS

65. — 2 bénitiers Louis XIII en cuivre repoussé et
ciselé « Anges » ;

66. — 1 chaudron Louis XIII cuivre repoussé ;

67. — **2 grands et beaux chenêts** époque Louis XVI
en bronze ciselé et décoré de feuillages,
guirlandes et vases d'où s'échappent des
flammes ;

68. — **Beau Lustre** à 30 lumières bronze doré
et cristaux, époque de Louis XIV. —
Haut. 1 m 50 ;

69. — **Christ bronze doré** XVIIᵉ siècle, sur croix
et socle ébène, plaqué d'écaille et ren-
fermant une statuette en buis « La Vierge » ;

70. — 2 Landiers époque Louis XIII en fer forgé
et gravé.

IVOIRES

71. — 1 Ivoire époque Louis XIV « Joueur de
Vielle » sujet Callot, cadre chêne ;

72. — 1 médaillon ivoire « L'Ange Gardien » ;

73. — Coupe-papier à manche sculpté de fleurs ;

74. — 1 Camée, tête de vieillard.

SOIERIES — ETOFFES

75. — **Grand dessus de lit** en soie ancienne brochée, décoré de personnages, d'oiseaux, de feuillages et de fleurs, entouré d'un filet de soie, 2^m × 2^m. Joli travail chinois.

76. — **Robe époque Empire** en tulle, brodé d'argent, en très bon état de conservation.

77. — Modèle de broderie en acier poli sur carte de 0^{m}42×0^{m}34

78. — Modèle de broderie en soie rose, sur carte de 0^{m}39×0^{m}34, indiquant les différents prix concernant les broderies en or et en argent.

79. — 2 stores satin rose, ornés de broderies chinoises.

FAIENCES

80. — 3 saladiers en Nevers ;

81. — 2 plats ovales en Rouen polychrome ;

82. — 3 assiettes en Rouen polychrome ;

83. — 3 assiettes en Nevers ;

84. — 4 potiches en Delft ;

85. — 1 assiette et 2 plats ovales en Moustiers ;

86. — 1 jardinière en Rouen polychrome ;

87. — 1 pichet en Rouen polychrome ;

88. — 1 bonbonnière et 2 cachepots en Marseille ;

89. — 3 assiettes en Marseille ;

90. — 2 plats ronds en Delft bleu ;

91. — 2 plats ronds en Delft polychrome ;

92. — 2 cachepots en imitation de Rouen.

PORCELAINES

93. — 2 assiettes en porcelaine de Chine ;
94. — 23 assiettes en porcelaine du Japon ;
95. — 1 plat craquelé en Japon ;
96. — 8 assiettes à dessert en Satzuma ;
97. — 6 porte-bouquets en Chine ;
98. — 2 compotiers en porcelaine à la Reine ;
99. — 15 assiettes en porcelaine de Sèvres, 1855 ;
100. — 4 compotiers en porcelaine de Sèvres, 1856 ;
101. — 12 assiettes en porcelaine de Sèvres, 1846, provenant du Château de Trianon.
102. — Tasse à café en Saxe, anse rapportée en bronze doré ;
103. — Tasse et soucoupe en porcelaine de Saxe ;
104. — Tasse en porcelaine de Frankental ;
105. — Petite boite émaillée, décorée d'une scène Watteau ;
106. — Etui en porcelaine de Saxe, monture bronze doré ;
107. — 2 soucoupes en porcelaine de la Cie des Indes;
108. — 2 vases à fleurs en porcelaine genre Sèvres;
109. — Petit groupe en porcelaine de Saxe, « Scène Pastorale » ;
110. — Deux statuettes en Saxe : « Pêcheur » et « Marchande de Fruits »;
111. — 4 assiettes à bord ajourés en porcelaine de Saxe ;
112. — 2 petites salières en porcelaine allemande;
113. — Grande potiche en vieux Japon, de Picot.

LIVRES

114. — Collection de la « Revue des Deux-Mondes », 1880 à 1893 ;
115. — Environ 150 volumes, romans, etc., la plupart brochés.

MEUBLES DE STYLE

116. — Petite vitrine bois de rose et marqueterie
ornée de cuivres dorés style Louis XVI ;

117. — Vitrine en palissandre à 2 corps, signée
« Sauvre », à colonnes torses et surmontée
d'une corniche sculptée ;

118. — Belle table rectangulaire de style Louis XVI
en bois doré, dessus de marbre vert ;

119. — **Joli meuble vitrine** d'Allard en noyer
sculpté et à 2 corps, celui du bas à fond
de glace, le tout orné d'incrustations en
ivoire et d'un médaillon en Lapis-Lazuli et
supportée par 2 cariatides ;

120. — **Bel ameublement de salon** de style
Louis XVI bois noir et or recouvert de
tapisserie d'Aubusson, représentant les
Fables de Lafontaine, canapé, 4 fauteuils
et 4 chaises ;

121. — Guéridon rond en acajou de style Louis XVI
orné de bronzes dorés avec marbre blanc,
entouré d'une galerie de cuivre doré ;

122. — **Joli fauteuil** de cérémonie en noyer ciré
de style Lous XVI, finement sculpté et
recouvert de velours rouge ;

123. — 2 tabourets Algériens décorés de marqueterie
d'ivoires ;

124. — Petit secrétaire de style Louis XVI en bois
de rose et marqueterie orné de cuivres
dorés et à dessus de marbre blanc ;

125. — 2 supports de jardinière en noyer sculpté
« Cariatides ».

BRONZES & FERS FORGÉS MODERNES

126. — 2 chenets de style Louis XV en bronze doré « Enfants tenant une coupe » ;

127. — 2 candélabres bronze patiné et doré à 7 lumières, socle marbre noir ;

128. — 2 canettes flamandes et leur plateau en cuivre rouge ;

129. — Importante garniture de cheminée de style ogivale en bronze vert comprenant : pendule et 2 candélabres à 6 lumières ;

130. — 2 petits bronzes « Enfants assis lisant et dessinant » ;

131. — 2 grandes lampes décoratives à sujet d'oiseaux en bronze japonais ;

132. — Bronze de Barbedienne, haut. 0^m 70, « Joueur de flûte » d'après Coyzevox ;

133. — Lanterne de vestibule, haut 0^m 85, beau travail en fer forgé ;

134. — 2 petits bouts de table à 2 lumières de style Louis XV, en bronze argenté ciselé ;

135. — Support de jardinière en bronze ciselé et doré style Empire ;

136. — Deux Bronzes « Les chevaux de Marly », haut. 0^m 60 ;

137. — 2 appliques en bronze doré à 6 lumières ;

138. — Bronze de Barbedienne, « Diane de Gabies » haut, 0^m 65 ;

139. - **Belle garniture de cheminée** onyx et bronze doré comprenant : pendule avec groupe de Clodion, sujet « Femmes et faune » et 2 vases ;

140. — Brûle parfum et table Algériens en cuivre ;

141. — **Grand Lustre** en bronze patiné à 3 branches de chacune 5 lumières, haut. 1^m 50 ;

142. — **Importante garniture de cheminée** pour salon, onyx et bronze argenté et doré comprenant : socle onyx avec sujet de Grégoire, « Jeanne d'Arc » et 2 candélabres à 7 lumières supportés par des enfants ;

143. — Cartel de style Louis XV en bronze doré, haut 0 m 90 ;

144. — Bronze de Barbedienne patiné : « La Musique », haut, 0 m 65 ;

145. — Garniture de cheminée porcelaine bleue et bronze doré, comprenant : pendule « Sujet Enfants » et 2 candélabres à 6 lumières ;

146. — Monture de guéridon en cuivre doré.

CRISTAUX — VERRERIE

147. — Service à fumeur en verre de Bohême, orné de dorures ;

148. — 2 porte-bouquets en cristal de Venise, décors de fleurs et feuillages en relief ;

149. — Pichet à bière en verre de Bohême ;

150. — Porte-bouquet en verre de Venise.

MEUBLES MODERNES

151. — Table de salle à manger Henri II, en noyer ciré, à 3 allonges ;

152. — 2 dessertes en noyer ciré, à étagères mobiles pouvant former table ;

153. — Bureau à casier en palissandre verni ;

154. — Fauteuil de bureau en bois noir, garni de cuir rouge capitonné ;

155. — Chaise de fumeur recouverte de tapisserie ;

156. — Cave à liqueurs en palissandre et marqueterie, et ses cristaux ;

157. — Encrier marbre noir avec sujet en bronze. Pèse-lettres ;

158. — Presse-papier en bronze, « Chien et Tortue » signé Jacquemart ;

159. — Porte-allumettes en bronze « Ours » ;

160. — Porte-cartes en bronze ciselé ;

161. — **Coffre-fort de Fichet,** dans son meuble chiffonnier en palissandre verni à dessus de marbre blanc ;

162. — Lit de milieu en palissandre ciré pour une personne et son sommier ;

163. — Support de jardinière bois noir à dessus de marbre vert ;

164. — **Belle et grande toilette duchesse,** p.¹étement en palissandre verni, à 2 portes, dessus de marbre blanc, étagère avec glace psyché, 1ᵐ40 × 0ᵐ60 ;

165. — **2 grandes armoires garde-robes** en palissandre verni, à 2 glaces biseautées, (belle fabrication) ;

166. — 2 fauteuils et 2 chaises garnis de cuir rouge capitonné ;

167. — 2 pendules marbre rouge et vert ;

168. — Support de jardinière « Colonne » en noyer ciré et un grand sujet en Valauris : « Coq »;

169. — 2 petits fauteuils d'encoignure garnis de soie brochée ;

170. — 4 chaises en noyer ciré garnies soie et velours frappé, le dossier décoré d'un médaillon peint ;

171. — Meuble fantaisie bambou à étagères ;

172. — Garniture de cheminée marbre vert et bronze doré, composée de : Pendule ornée d'Amours et 2 candélabres à 3 lumières;

173. — Pichet à cidre en chêne, cerclé de cuivre rouge.

BILLARD

174. — Beau billard en noyer ciré de la maison
   W. Saint-Martin, à Paris ;
175. — Porte-queues en palissandre et 12 queues ;
176. — 3 billes en ivoire ;
177. — Appareil d'éclairage au pétrole, en bronze
   doré, formant T.

MÉTAL ARGENTÉ

178. — 2 seaux à glace en métal argenté ;
179. — Cafetière en métal argenté ;
180. — Cruchon à liqueurs cristal et métal argenté ;
181. — 2 petits sucriers à poudre et leur pelle en
   métal argenté.

MOBILIER DE MAISON

182. — Batterie de cuisine en cuivre rouge ;
183. — Vaisselle et verrerie diverses ;
184. — Presse à confitures, mortier en marbre ;
185. — Grande desserte en érable ;
186. — Surtout de table en cristal pour fleurs,
   16 pièces.

MEUBLES DE CHAMBRES A COUCHER

187. — Lits acajou, capitonnés, fer et bois laqué pour
   1 et 2 personnes et sommiers ;
188. — **Très bonne Literie**, matelas, traversins,
   oreillers, etc. ;
189. — Chaises, fauteuils, banquettes, etc. ;
190. — Toilettes à dessus de marbre, etc., etc. ;
191. — Pistolets, revolver, carabine, etc. ;
192. — Petit réchaud à essence à 2 bouches ;
193. — Petit paravent à 2 feuilles laqué blanc,
   tendu d'étoffe liberty.

TAPIS — TENTURES

194. — Plusieurs tapis d'appartement en moquette,
        carpettes ;
195. — 2 rideaux de fenêtre, étoffe bleue ;
196. — 2 rideaux de fenêtre, brocart vieux vert ;
197. — 2 rideaux de fenêtre et 1 portière en étoffe
        grise.

VOITURES

198. — Victoria d'Azénia, à Paris, tapisserie drap
        noir, mécanique et lanternes ;
199. — Charrette de marché à 2 roues.

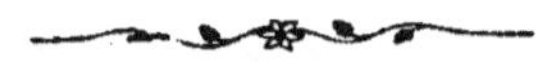

Imp. Dieppoise — Ed. Dequen, Dir.